Círculo Rojo

POCO A POCO TAMBIÉN SIRVE

POCO A POCO TAMBIÉN SIRVE

LUCILA BAIARDI

Círculo Rojo
EDITORIAL

Primera edición: febrero 2024

Depósito legal: AL 174-2024

ISBN: 978-84-1061-533-5

Impresión y producción: Editorial Círculo Rojo

© Del texto: Lucila Baiardi
© Maquetación y diseño: Equipo de Editorial Círculo Rojo

Editorial Círculo Rojo

www.editorialcirculorojo.com

info@editorialcirculorojo.com

Impreso en España - Printed in Spain

Aunque este libro haya sido escrito para mujeres que estén transitando por la mitad de su vida —con todos sus vaivenes—, yo se lo dedico a mi sobrino Pedro Baiardi.

Ansío de todo corazón que pueda mirarse a través de mis ojos para que descubra el talento, la inteligencia y la sensibilidad infinitos que tiene para poder cumplir sus sueños.

Y a vos, que me estás leyendo, te deseo que puedas alcanzar los tuyos.

Te amo, Pedro.

Índice

PRÓLOGO

Soy Lucila, o Lulú para los más íntimos.

Seguramente no me conozcas y estés espiando el prólogo para *adivinar* qué es lo que puedes encontrar dentro de este libro.

El título te intriga. ¿Te resulta familiar el querer hacer algo y quedar a medio camino porque siempre aparece alguien que te interrumpe con una *urgencia* y no te deja terminar? Pareciera que avanzamos en cámara lenta.

¡Nunca llegamos al final!

Aunque nos apuremos, el día no alcanza para lo mucho que planeamos y siempre estamos (o nos ponemos) en el último lugar, porque TODO Y TODOS son más importantes que nosotras.

Y nos frustramos.
Y nos enojamos.
Y sentimos que lo que hacemos no vale.
Y soltamos todo.

¿Y qué vengo a hacer yo acá? ¿A decirte lo que tenés que hacer para solucionarlo?
NO.

¿A resolverte la vida?
NO.

¿A victimizarnos juntas?
NO.

Simplemente vengo a acompañarte con mi relato, a incomodarte, a que se te muevan cosas de adentro, a hermanarme también con esa sensación que tenemos a veces de no llegar nunca, de no saber cuál es el camino, de ignorar para dónde disparar...

En esa instancia, la mejor solución es frenar y mirar hacia dentro, ver qué nos pasa... aunque no tengamos muchas ganas. Porque afuera no hay nada.

A mí me sirvió. Me sigue sirviendo. De a capas, paso a paso y en la medida que nos dé el alma. Sin prisa, pero sin pausa, porque el mundo es de los valientes.

No tires todos tus logros por la borda porque sientes que nunca vas a llegar a destino.

Poco a poco también sirve.

PROPÓSITO DEL LIBRO

El propósito de mi libro es **animar** a las mujeres de mediana edad a que salgan en pos de sus sueños. A otras, a que encuentren qué es lo que buscan, porque muchas no tenemos ni idea.

Me gustaría que no se boicoteen con el tema de la edad, los talentos que creen que no tienen o lo que les tocó en la vida. Las invito a que dejen su zona de confort aunque les cueste, porque la inspiración se encuentra trabajando.

Muchas, como yo, han tenido una carrera de éxito que ha quedado truncada por una maternidad tardía y no saben cómo recomenzar su vida laboral, ya que todas sus energías y autoestima están puestas en la familia.

Otras nunca se han animado a ir en busca de sus sueños debido a su personalidad o a su historia familiar.

Tampoco podemos excluir a aquellas olvidadas de muchos libros de desarrollo personal, que son las que no saben lo que quieren, pero sienten que tienen que cambiar algo.

En el mundo actual, la expectativa de vida se alarga, pero nuestra mente se enfrenta a la dicotomía de **pensar** que a esta edad ya estamos casi jubiladas. En otras palabras, por un lado, estamos *muertas como mujeres* debido a la menopausia —porque eso es lo que tenemos grabado en el cerebro desde pequeñas— y, por el otro, nos hacen **sentir** que somos tan jóvenes y vitales como para afrontar cualquier desafío. Esa lucha mental interna mezclada con una pizca de baja autoestima o de opiniones de terceros se transforma en la fórmula perfecta para paralizarnos.

Para todas nosotras es que hablo en voz alta, a través de estas reflexiones, para recorrer el camino del autoconocimiento de una manera amena, sencilla y sin tanto dramatismo.

Como dice el título, no hay tiempo ni manera de fracasar en este proyecto de ser mejores. Aunque nos saboteemos, nos frenemos o nos escapemos de nosotras mismas, al ritmo que sea, paso dado paso ganado.

No puedo darte la solución mágica ni decirte qué tienes que hacer.
Con mis palabras deseo, simplemente, que vuelvas a preguntarte: ¿es aquí donde quiero estar?

A veces, mover los cimientos nos ayuda a discernir si la casa es lo suficientemente fuerte o si hay que salir corriendo antes del terremoto.

Todas nos merecemos ser felices.

CAPÍTULO 1
POCO A POCO TAMBIÉN SIRVE

El mundo moderno está presidido por la inmediatez: el rey Google nos consigue las respuestas *ipso facto*. Nos hacen creer que los resultados deben venir en este preciso momento porque, si no, ya fracasamos.

La ansiedad y la impaciencia reinan en nuestra vida. Queremos todo mágicamente al instante, sin darnos cuenta de que así nos perdemos el disfrute del recorrido. El esfuerzo del paso a paso desaparece y, con él, el valor del premio.

Si nos decidimos a bajar de peso, queremos adelgazar 5 kilos en un día.
Empezamos yoga y nos frustramos si no nos paramos de cabeza en una semana.
Pensar en estudiar algo durante más de dos años ya nos parece una tarea infinita…

Es así como terminamos abandonando todo incluso a veces antes de comenzar, porque nuestra tolerancia a la frustración es nula. Preferimos no avanzar a soportar el *sacrificio* del aprendizaje y, menos que menos, atravesar los *problemas* que aparecen en el recorrido.

No queremos molestarnos, esforzarnos un poco de más. Es el lema de hoy.

Evitamos trabajar en nosotras por no incomodarnos.

Por un lado, nos da mucha pereza esmerarnos para ser mejores, pero por el otro reconozcamos que ansiamos ser las protagonistas de nuestra propia existencia.

En lo particular, me niego a ser la espectadora de mi propia vida y ver cómo los demás van tras sus sueños mientras que yo, sin hacer ni el mínimo esfuerzo, me excuso echándoles la culpa a mis padres, al mundo, al país, a mi hijo o a mi pareja por no trabajar en el camino del cambio.

No dejemos que nuestra vida se reduzca a sentir emoción solo por lo que hace el otro, el que sí se arriesgó, el que está en el campo de juego dándolo todo.

No desistamos de nuestra evolución, estemos en el punto que estemos. Siempre podemos ser mejores, más libres y más felices si nos animamos a mirar para adentro y hacer una buena limpieza de los estantes del corazón.

No es tan difícil: solo requiere un poco de valentía para mirar hacia dentro, descubrir lo que hay y querernos con nuestras imperfecciones.

Todos tenemos el poder de cambiar las cosas.

Hay que armarse de paciencia, caminar a ciegas, tenerse confianza. Los cambios profundos llevan tiempo, un tiempo en el que no vemos nada, en el que parece que todo cae en saco roto, hasta que un día, de repente, sucede el milagro. Y realmente no es uno como tal, sino que supone la suma de los pequeños pasos que fuimos dando.

Recuerdo esa época en que nosotros íbamos al colegio y, cuando nos daban algo para investigar, yo llegaba a casa y con mamá nos sentábamos a pensar en quién podía tener el libro o la enciclopedia con la información que necesitaba.

Ese camino de pedir el libro, de cuidarlo porque no era nuestro, de leer, de buscar, de escribirlo a máquina o a mano, tratando de no equivocarse, para no borrar (¡y no tener que empezar de nuevo!), hacía que el momento de presentarlo fuera un logro.

¡Tenía el valor del tiempo invertido!

Y yo no soy de esas personas que piensan que todo tiempo pasado fue mejor, pero sí que hay cosillas que podemos tomar como referencia.

Los ritos, los pasos a dar… Es como querer hacer pan sin dejarlo levar. No sale. No hay manera ni magia. Y esos tiempos de espera nos hacen valorar más lo que conseguimos.

Yo veo ahora que para el mismo trabajo, lo único que hacen los jóvenes es buscar la información en Google y hacer clic en un botón para que se imprima.

¿Y el recorrido? ¿Y el valor del esfuerzo? ¿Dónde ha quedado? Cuando vemos a los grandes deportistas como Nadal que terminan un partido y se van directamente a entrenar para preparase para el día siguiente, mientras que nosotras no queremos ni caminar hasta la esquina…

¡Vamos, que el tiempo se va! La vida no nos espera.

Practiquemos la búsqueda, la constancia, la paciencia. El secreto es no desistir y valorar cada cosa, cada pensamiento, cada avance. Pero no para aplaudirnos sin sentido, sino para valorar la evolución.

Lo que quiero decir es que no mires el final, porque, si no, el camino parece interminable. Y ya sé que esto lo has leído un millón de veces, pero no importa, te lo digo de nuevo.

Hoy quédate simplemente con tu intención, que hasta a veces tampoco será tan férrea, de querer ser un poco mejor.

¿Y sabes para qué? Para sentirte bien, vivir más contenta y más amiga de ti misma. Simplemente para eso. Y **sí** que puedes hacerlo. Solo se necesita un poquito de voluntad. Todos los días, aunque sea unos minutos.

Hay que limpiar y ordenar el alma. Reconocer y sacar para afuera lo que no nos gusta. Lo que sabemos que está adentro arruinando lo demás, porque nos ocupa la cabeza y nos invade nuestro tiempo de disfrute.

Y cuando todo esté limpio, tienes que aprender a disfrutar. Porque eso también se aprende.
Vivimos en esta sociedad judeocristiana donde el disfrute es pecado. Hasta tener un orgasmo es pecado. Solo se permite fornicar para la reproducción.

¡De ahí venimos! Por eso, no podemos esperar que todo venga en nuestro ADN: hay cosas que tenemos que fabricar nosotras. Y solamente con darnos cuenta de lo que hacemos, tenemos el 50 % del avance hecho.

En este mundo lamentarse sí está bien; quejarse del marido, de los hijos; decir que no somos felices…

Cuando le preguntas a la gente cómo está, en general, ¿qué suelen responder?

- «Y mal no estoy».
- «Aquí andamos».
- «No me puedo quejar».

Así no vamos a llegar a ningún lado…

Cuando me preguntan lo mismo, yo respondo: «Muy bien, la verdad que muy feliz».

Esto no gusta, incomoda, no saben ni cómo seguir la charla…
Cuando les digo que no trabajo porque no tengo ganas, se enojan o me hablan de mi talento desperdiciado, la pastelería.

Acostumbrémonos a decir que estamos bien y a alegrarnos si el otro lo está.

Así que, para cerrar, les diría que empecemos limpiando nuestra mente para después aprender a DISFRUTAR de todo: de la pareja, de los hijos, de la comida, del trabajo…, de todo aquello que nos acompaña en esta vida.

Ya eso es un montón.

Call to action (o *llamada a la acción* en español) del capítulo 1:

En general, cuando incursionamos en los libros de desarrollo personal, desde que abrimos la primera página hay algo que se nos empieza a mover adentro. Algo que nos resuena, nos molesta, nos ofende, nos motiva, nos mueve o nos hace recordar algo.

La mayoría de las veces despierta internamente algunos sentimientos encontrados, dependiendo de los temas. Por eso, mi propuesta para este capítulo es simplemente leer el libro por completo.

Sin hacer nada más que eso. Tardes el tiempo que tardes. Deja el trabajo de los siguientes capítulos para después.

Y en ese leer, te darás cuenta de cuáles son los temas más ríspidos para ti. En qué situación tendrás que trabajar más.

Esto es como una semilla: hay que plantarla, regarla, dejar que brote, ver cómo sale la primera hojita y esperar que crezca.
Con paciencia.

Seguramente en alguna parte de la lectura te enojarás y querrás soltar todo. Tal vez estarás algunos días con el libro a un lado sin tocarlo, como si el mensajero fuera el que tiene la culpa.

Ten paciencia, no aflojes, no claudiques.

Este trabajo parte de ti y es para ti.

Ningún libro te va a salvar la vida ni te va a decir lo que tienes que hacer para ser feliz y que todo se acomode. Las cosas son de cada uno y cada quien las trabajará para sí mismo.

Desde aquí, te comparto mi experiencia y te doy herramientas para que abras la ventana de tu corazón y mires adentro, aunque sea incómodo. Para que te mires de frente y te quieras así tal como eres, con tus miserias, que todas las tenemos.

Que ese amigarnos con nosotras mismas nos dé la solidez que necesitamos para adaptarnos a este mundo tan intenso sin que cualquier viento nos derribe.

CAPÍTULO 2
EL ROL QUE OCUPO EN MI FAMILIA DE ORIGEN

Cuando somos pequeñas, tenemos una visión muy inocente de la vida. No contamos con la experiencia necesaria para discernir lo bueno de lo malo, ya que nuestras vivencias son muy pocas, y es por eso que todo lo que dicen nuestros padres es palabra santa.

Para nosotras, hasta que empezamos a despuntar la adolescencia, ellos son nuestros más grandes ídolos.

Su ley es la primera que existe.

Todo lo que dicen nos parece bien. Son como superhéroes.

Pasará tiempo hasta que nos demos cuenta de que son seres humanos comunes y corrientes, que con su bagaje de inseguridades y traumas sin resolver (que todos tenemos) traen al mundo a nuevas criaturas para tratar de criarlas lo mejor posible. Y hay que ser valientes para eso.

Aclaro que estoy hablando de hogares medianamente normales. No voy a entrar en situaciones extremas o de abusos, para las cuales no tengo ni la capacidad ni el conocimiento que se necesitan para abordarlas.

En la dinámica familiar, todos, hasta las mamás y los papás, jugamos un rol, tenemos un puesto asignado. Es como que cada uno es un engranaje de ese mecanismo.

Y vamos perfeccionando nuestro personaje para que la máquina funcione bien, más allá de lo que eso nos signifique individualmente.

En el día a día, avanzamos sin muchos cuestionamientos, haciendo lo que corresponde. Las cosas se van sucediendo y en el andar pasa la vida.

No nos miramos el alma dos veces por semana para cuestionarnos qué nos hace bien y qué no. No lo hacemos de mayores, menos cuando somos niños…

¿Vieron que en las familias siempre hay un bueno, un terremoto, un inteligente, un artista, un tonto?

Bueno, tú en algún rol tienes que encajar, no puedes quedarte libre, pues serías la oveja negra de la familia. Aunque eso también es un rol. ¿O no?

Apenas naces, te van a encontrar alguna característica relevante, que puede ser física, de parecido, de carácter. Buena o mala. Y con eso, ya te asignan un título.

Así, te haces grande creyéndote esa historia. Y sintiendo que debes ser de esa manera para que te quieran. Crees que lo necesitas para seguir formando parte del grupo.

Yo nací segunda de cuatro hermanos y la foto que recuerdo de mi infancia es que yo ayudaba a mi mamá mientras que ellos se divertían. Tengo la imagen de estar haciendo algo que mi madre me pedía mientras que veía a mis hermanos varones jugando en el patio y a mi hermana leyendo por ahí.

¿Fue eso realmente lo que sucedió?

¿Es una imagen de una sola vez que se me grabó en la memoria y me marcó?

¿O era recurrente?

No lo sé.

No interesa.

No importa, en este caso, que los hechos sean reales o no, sino lo que hayamos sentido.

Captamos la vida de una manera totalmente subjetiva, hasta el punto de que los hechos concretos ya dejan de ser relevantes. Cada uno filtra las vivencias a través de su óptica, de sus necesidades, con su sensibilidad, con sus miedos.

Mi hermana Silvina, al leer este capítulo, me comentó que ella vivió las cosas de otra manera.

¿Alguna tiene más razón que la otra?

No.

A pesar de que hayamos vivido en la misma casa y con la misma familia, su experiencia y su mirada son diferentes. Ella tendrá que hacer su camino y yo el mío.

Ese engranaje que fuiste durante tu infancia, en el que te pusiste o te pusieron y que poco ya importa porque el pasado no se puede cambiar, te hizo creer que eres de determinada manera.

Y al final, de repetirlo, es como que se te fue tatuando y se quedó en ti.

Yo me hice una imagen propia que delineó mi personalidad hasta el presente mismo:

«Mi mamá solo me va a querer si yo la ayudo y soy buena. Mi papá se va a sentir orgulloso de la nena amorosa que tiene».

Después, mi pensamiento se fue ampliando:

«La gente solo me va a querer por mi bondad».

Y, al final, se forjó mi personalidad y, cuando pregunto cómo soy, dicen:

«Lucila es buena y generosa».

Esa es la primera imagen colectiva que se creó de mí.

¿Yo soy solamente eso?

No.

¿Me marcó esa situación?

Sí.

¿Es una verdad absoluta?

No.

Esa es mi visión **subjetiva** de mi infancia. Lo que yo interpreté sobre determinados hechos.

Para mí, el primer concepto que hay que entender es que el resto del mundo no tiene la culpa de lo que sentimos.

Al quitarnos la responsabilidad que tenemos hacia nosotras mismas y no hacernos cargo de nuestra vida, nos perdemos del regalo de poder transformarla.

Si la culpa la tuvieron mis hermanos, mi mamá, la educación que le dieron a mi padre o cualquier cosa que yo no pueda gerenciar, *malament*, como dicen los catalanes, porque no voy a poder hacer nada.

No puedo esperar que los demás cambien para yo ser feliz.

Tampoco puedo condicionar mi vida de hoy en adelante por lo que pasó hace 20 años. Yo elijo si alimentar los sentimientos que me traen ciertos recuerdos no tan lindos o enfocar mi mirada hacia algo más positivo.

Tal vez mis hermanos varones, en un contexto de la educación paternalista que primaba en esa época, creían que era normal que yo contribuyera en las tareas domésticas mientras ellos jugaban.

A lo mejor mi hermana, mujer, pensaba que ella también ayudaba, o que a mí me encantaba hacerlo y por eso, me dejaba el espacio.

Quizás estaba dolida porque nadie le pedía su colaboración.

Entonces, ¿para qué esta introducción?

Porque ahora, con paciencia, tenemos que empezar a contarnos la historia de nuestra vida, de nuestro núcleo familiar, de nuestros padres cuando fueron pequeños, de nuestros abuelos.

Tal vez no sea un paso sencillo. Quizás te lleve tiempo, te remueva emociones, pero te va a hacer entender muchas cosas.

Esta primera instancia te va a ayudar a visualizar mejor cuál fue tu rol, qué personaje interpretaste en tu familia.

Si no te animas a comprender lo que pasó, difícilmente puedas cambiar algo. Es como si sacáramos las cosas de una alacena y quisiéramos poner todo adentro de nuevo sin limpiar los cajones ni tirar los frascos vencidos. No va a servir.

¿Es fácil?

NO.

Lleva tiempo.

El tiempo que cada una necesite para aceptar que las familias no son perfectas, que los padres no son superhéroes y amarlos a pesar de todo, agradecerles que hicieron lo mejor que pudieron.

Hay que entender, empatizar, tratar de perdonar y soltar.

Jamás usaría mi tiempo para juzgar a mi madre o a mis hermanos. Eso no me suma, no me enriquece, no me hace mejor persona. Ni a ellos ni a mí. Lo que rescato es que eso que viví me transformó en la persona que soy hoy: independiente, autosuficiente, libre.

Y cuando ese paso ya esté dado, cuando podamos leer esa foto familiar, vamos a tener la claridad que necesitamos para mirarnos a nosotras mismas y preguntarnos:

- **¿Ese personaje soy yo?**
- **¿A quién se parece?**
- **¿Qué características tiene?**
- **¿Cuáles quiero conservar?**
- **¿A quién le estoy echando la culpa de lo que no me gusta?**
- **¿Voy a intentar perdonar para soltar?**

No creo que podamos desprendernos totalmente de nuestro rol porque está metido en nuestra piel, pero el ejercicio de pensar, de tratar de reconstruir esas situaciones, servirá para comprender mejor por qué somos así y, sobre todo, para poder entender mejor a los demás y no juzgarlos tanto.

Es una tarea difícil, pero con paciencia y amor se puede, aunque sea un poco, trascender las historias pasadas.

Sepamos que nuestros recuerdos son como una cebolla, vienen en capas. Siempre se van desprendiendo aunque no nos demos cuenta. Y con cada capa que se va, nos descargan un poco de peso.
A no desistir.

Call to action del capítulo 2:

La tarea de este capítulo, a mi parecer, es la más laboriosa, pero la que más te va a alivianar el camino.

Tenemos que hacer un relato de nuestra infancia con la mayor cantidad de detalles posibles. Desde el primer recuerdo.

Lo ideal sería que lo hagamos por escrito y, si es manuscrito, maravilloso.

Esta tarea es como (y disculpen la comparación, pero me van a entender) vomitar cuando te encuentras mal. El momento es horrible, pero después te sientes liviana, tranquila y con la mente más lúcida.

Si piensas que escribir es demasiado, grábate con el teléfono. Cuéntalo como un relato y, si te incomoda, después bórralo.

A mí esas cosas no me gusta guardarlas.

Yo escribo mucho y lo que no me gusta lo tiro. Es como una expiación.

No es fácil, ¿verdad? Se te mueve todo adentro, las alegrías, los enojos, las frustraciones… Lo que puedes cambiar y lo que ya no…

Esto que vamos haciendo no es milagroso, no es que un día te levantas y eres otra persona. Son movimientos internos que nos sirven para aprender a mirarnos con honestidad, para querernos desde la verdad, con lo bueno y con lo malo. Es descubrirnos en el espejo del alma.

La historia debería tener:

- **Personajes.**
- **Descripción de cada uno y su personalidad.**
- **Qué relación tenías y tienes con cada uno, y por qué.**
- **Qué te molesta de cada uno y qué les molesta de ti a ellos.**

También sería conveniente hacer un apartado de tus abuelos y cómo fueron tus padres como hijos.

Muchas veces entendemos a nuestros padres revisando su familia de origen: no nos olvidemos de que la mayoría de nuestras costumbres las repetimos de nuestros antecesores.

Cuantos más detalles tenga el relato, mejor.

Tal vez te lleve tiempo. No pasa nada.

Cuando hayas terminado, hazte un espacio para decantarlo.

No corras, escúchate, porque son cosas profundas. Tú misma te darás cuenta de cuándo es el momento de dar el próximo paso.

No te preocupes, poco a poco también sirve.

CAPÍTULO 3
QUIÉN SOY. QUIÉN QUIERO SER

Bueno, si logramos sobrevivir al capítulo anterior y, aunque sea mínimamente, entender o, al menos, tratar de bosquejar el rol que jugamos en nuestra familia de origen, podemos seguir caminando hacia nosotras mismas.
Bravo por todas las que siguen aquí.

Ahora tenemos que empezar a observarnos más detenidamente y discernir el porqué de ciertas actitudes, de ciertos patrones generales que nos definen. La razón de ser como somos.

En lo personal, no conozco una técnica de observarse. Es simplemente estar atentas a nuestras reacciones, a intentar detectar de dónde salen, a quién repetimos o imitamos. Ya el saber que provienen de alguien, generalmente madre o padre, nos sirve para desapropiarnos un poco de eso, de no sentirlo tan arraigado.

El observarnos con honestidad al principio incomoda, pero a la larga nos descansa, nos relaja.

¡Atención al boicot! Muchas veces estamos jugando un rol hasta con nosotras mismas. Nos hacemos una imagen cómoda y facilita para que no se haga tan pesada la marcha, y así vamos por la vida.

No, chicas, no. Pongamos un poco de voluntad. Si llegamos hasta aquí, no nos bajemos del barco…

Cuanto más sinceras seamos con nosotras mismas, cuanto más bajemos la guardia y nos permitamos ser vulnerables en nuestra propia intimidad, mejor vamos a evolucionar.
¡No claudiquemos!
Ya sabemos que esta sociedad tan *show off* no nos permite ser auténticas ni con nosotras mismas, ¡no le demos el gusto!

Autoricémonos a reconocer nuestras miserias, nuestros mayores logros, nuestros puntos débiles, nuestros triunfos y también nuestros fracasos. Porque somos la suma de todo eso. Forman parte de nosotras como nuestros dedos de los pies. Lo mismo.
Yo sé que andar mirándonos las sombras no es el mejor plan, pero hay que exfoliarse de las cosas que ya no nos suman… ¡Vamos a salir más lindas y luminosas!

Esa percepción de superhéroes o de villanos tan estereotipada que tenemos de nuestros padres, según el caso, también la tenemos de nosotras. O nos amamos o nos detestamos.

Es como si nos hubiéramos definido en una imagen en algún momento de nuestra vida y no nos hubiéramos mirado nunca más. Como una foto.
La lectura que quedó grabada en nuestra retina la tenemos que romper para poder descubrirnos, aunque quizás después nos demos cuenta de que somos en esencia lo que pensábamos. No es lo mismo definirnos a ciegas que a conciencia. Es importante descubrirlo, aunque nos dé miedo.

Yo sé que tú, que te encuentras sentadita con el libro en las manos, tal vez abriendo un poco más los ojos, en señal de alerta, o tal vez como yo, que en esas situaciones me empieza a doler el estómago con tan solo imaginarme revolver tantas cosas, no estés pensando: «¡Qué gran idea!».

Pero con lo que somos llegamos hasta aquí y vivimos, disfrutamos, festejamos y lloramos, así que no hay que sufrir tanto.
En algunas cosas nos aplaudiremos y en otras tendremos que volver a foja cero y hacernos amigas de nosotras mismas otra vez.

Me voy por las ramas en mi vehemencia. Vuelvo al centro.

El fin de saber quién soy, de conocerme, de sincerarme es, en definitiva, descubrir hacia dónde quiero ir o, al menos, hacia dónde no…

Es animarme a ver qué deseo realmente en esta vida.
Lo que verdaderamente quiero desde adentro, desde el alma, y no porque la sociedad me dice que es lo que tendría que lograr.

Hay mucho ruido en el día a día, muchas cosas que nos distraen de mirarnos el alma y de las cuales nos agarramos como salvavidas para usarlas de excusa y no movernos de lugar.

Yo soy un poco cobarde con el tema de incomodarme para estar mejor. Nunca encuentro el momento. Pero hay que animarse. Así, sin vueltas y sin pensar mucho.

Si queremos hallar realmente lo que queremos, llegar a alcanzar nuestros objetivos y metas, tenemos que saber primero y principal quiénes somos. Desde ahí todo va a ser más fácil de develar.

Nota de la autora:

Nosotras tenemos una esencia profunda, pura y característica que nos va a acompañar toda la vida. No vamos a ser **otras** o muy diferentes, pero sí, y si estamos atentas y nos esforzamos por no repetir ciertas conductas que sabemos que nos perjudican, podemos mejorar mucho pero mucho mucho nuestra amistad con nosotras mismas y sentir más felicidad de ser quienes somos.

Pequeños cambios hacen grandes diferencias.

Call to action del capítulo 3:

El primer punto es cuestionarnos quiénes somos nosotras.

¿Quién soy yo?
¿Quién soy yo?
¿Quién soy yo?

En mi caso, esto no me lo pude responder inmediatamente como el resultado de sumar dos más dos. Fueron días de tener esa pregunta en la cabeza y darle espacio a la mente para que me vaya respondiendo lo que quisiera…

Yo, que soy tan esquemática, me enrollaba cuando tenía que decidir si era la madre, la esposa, la hija… ¿Quién soy yo?

Hace unos 5 años, me fui de viaje sola a Tailandia, a un centro de yoga y meditación. No era nada muy extremo ni muy purista. En el lugar había de todo y era bastante relajado. No se imaginen buditas vestidos de naranja existiendo en un silencio sepulcral, porque lejos estaba de eso.
Al ir sola y no conocer a nadie, tuve que relacionarme de una manera casi virginal con el grupo que estaba ahí.
Contando mi historia y mis vivencias a gente que ni siquiera sabía en qué país yo residía, tuve una lectura tan linda de mí misma…
Me escuchaba relatar los viajes, las anécdotas, mi profesión, y no lo podía creer. Es como si mi vida la hubiera vivido otra persona.

¡Cuántas cosas que experimentamos durante tantos años y las tomamos como si nada!
Me di cuenta de que yo soy esa Lucila adolescente, esa que tenía toda la fuerza y muchos sueños, y que con los años fue sumando experiencia y solidez.

La palabra era **osadía**.

Mi esencia es eso, osadía, una persona valiente, con fuerza, con inconsciencia, que pone todo y va a por todas.

Pero… siempre hay un pero, como es natural. El paso de los años, la madurez, las relaciones, la estabilidad, la comodidad, la familia y demás etcéteras me fueron destiñendo un poco esa potencia.
Tal vez, antes la necesitaba para avanzar, para crecer, para lograr mis objetivos, y si contara con ella en altas dosis en este momento, hubiera destruido mi vida mil veces sin poder disfrutar de las tibias raíces que nos da el tener un hogar y una familia…

No sería atinado ahora conservar ese bagaje de energía para mis cincuenta y dos años, seamos sinceras. Pero sí me encantaría poder tenerla en un frasquito, como una esencia, y sacarla cuando la necesite, para ocasiones especiales; que me dé ese empujoncito que me hace falta para avanzar… Para no dejar este libro escrito por la mitad, por ejemplo.

Ahora, más que hacer, tenemos que reflexionar. Dejar que se remueva todo adentro y vaya saliendo.
Tienes que dejarte en remojo. Como las lentejas, que se dejan en agua toda la noche porque, si las cocinas directamente, quedan duras.

Yo entiendo que alguna de ustedes se va a poner nerviosa porque no hay una tarea concisa, de una cantidad de horas determinadas con un resultado preciso.
Algunas lo harán en unas horas, pero otras tardarán días.

Siento mucho no poder proponerles algo exacto como las matemáticas, pero, como ya les dije, este libro es para invitarlas a reflexionar, a conocerse, a ser honestas, a replantearse, a enojarse, a amigarse. Desde ahí es de donde, en mi opinión, surgen los cambios más verdaderos.

Esos que vienen solamente de la cabeza, como la dieta que empezamos los lunes, generalmente no se sostienen…
Los caminos se atraviesan con voluntad, con una voluntad que va y viene como las olas, que se pelea con nosotras, como un hijo adolescente, y a la que tenemos que volver a convencer para dar el próximo paso.
Como yo, que me obligo a seguir escribiendo, aunque prefiera hacer cosas más banales, porque sé, estoy convencida, de que estas palabras no solo me están ayudando a mí, sino también apoyarán a muchas mujeres que necesitan que alguien se las diga. O se las escriba.

Mi sugerencia es preguntarte quién eres. Muchas veces, todo el tiempo, al menos por una semana.

A mí me gusta escribir. Lo podrías hacer de esta manera. Para mí es desintoxicante. En el libro *El camino del artista*, de Julia Cameron, te invitan a escribir, de forma manuscrita, todas las mañanas al menos tres páginas: lo que te salga de la mente. Y los resultados son magníficos.

La verdad es que, si una lo hiciera todos los días, se evitaría el psicólogo porque a la segunda o tercera hoja ya empieza a brotar de adentro lo que verdaderamente sientes. Escribir puede resultarte muy muy útil.

Disparen la pregunta y suéltenla. No esperen una respuesta precisa. Respiren y estén atentas.

Pide y se te concederá.

CAPÍTULO 4
QUÉ QUIERO PARA MÍ

¿Qué quiero para mí?
¿Qué quieres para ti?
¿Cuáles son tus metas? ¿Tus deseos?

¿Lo sabes?
¿Sabes certeramente qué quieres para ti?
¿Sabes desear?
¿Tienes claro, pero clarísimo, lo que te gustaría?

Si me preguntaras a mí ahora, te diría que lo que quiero es irme un mes a Tailandia y hacer lo que se me dé la gana, a la hora que quiera, sin peros y sin tener que consensuar con nadie. Nada. Ni comidas, ni paseos, ni actividades. Nada.
Libre albedrío total.

Pero ¿eso es lo que quiero, o en realidad lo que estoy buscando es un espacio de libertad en mi vida cotidiana?
Porque en mi caso no es que no lo pueda elegir, es que mi mente no me lo permite.

¿Es eso?
¿O es que no sé decir que no, priorizo a los demás, me relego a la última posición y entonces lo mío siempre es lo menos importante y no me tomo el tiempo que necesito para mí?

¿Es eso?

¿O es que siento culpa de elegirme y, aunque me priorice y lo haga, mi problema es que no lo disfruto?

¿Es eso?

¿O es que tengo todo y en realidad es que estoy tan aburrida que necesito inventarme un problema para tener algo que solucionar y de esa manera estar entretenida?

Ay, ay, ay. ¿Ven que hay bastante que reflexionar?

Yo creo que saber realmente qué queremos de una manera pura y cristalina no es una tarea sencilla.

A menos que tengamos una pasión profunda, es difícil que lo descifremos, porque, si somos *medianamente normales*, nuestra mente se aclara y se enturbia muy seguido y nos marea…

Cambiamos de parecer, nos arrepentimos, volvemos a pensar lo mismo…

Es la natural complejidad del ser humano.

Por eso, en el camino de preguntarnos qué queremos, para mí lo más sencillo es ejercitar el pedir. Es ponernos cómodas con el desear, con el permitirse soñar, con que esto nos sea cotidiano…

También añadiría (y que para mí no es menor) que uno tiene lo que **cree** que se merece. Eso es lo que yo pienso. Es desde ese punto donde vamos creando nuestras ambiciones. Desde lo que pensamos de nosotras mismas.

Nuestras metas, en general, se generan sobre lo que creemos que vamos a lograr. Elegimos situaciones u objetos que sentimos que están a nuestra altura. Nuestra autoestima es la que le pone el límite a los deseos, y no tendría que ser así. Por eso hay que trabajarla.

Aquí, desde este enredo, vamos a empezar el capítulo. Allá vamos, muchachas. Síngame. Embarrémonos juntas con este tema clave.

La gente sueña en grande o todo lo que ambiciona es poquito, chiquito, accesible.

Porque nos ponemos un límite.
Para no fracasar.
Para no frustrarnos.
Para no sufrir, en definitiva.

Sí, tú también. Todo el mundo.

¿Para qué voy a desear un avión privado si no me puedo comprar ni un billete para mis vacaciones?

Mal hecho.

Así es que nos vamos encasillando.

El 99 % de las personas juzga y autolimita sus anhelos.
Pocos son los que desean sin límites.
Y hay que aprender de los deseadores kamikazes. Como mi marido.
Los que no tienen filtro.
Los que no se ponen techo.
Hay que extraer de ellos, como una esencia, su libertad para soñar, su **inconsciencia** frente al fracaso.
No tienen miedo y no les importa el resultado. El camino es todo.
El disfrute está en el andar.

Y, como le digo a mi hijo, todo en la vida es práctica, y desear también.

Hay que practicar el deseo mucho para que se vayan soltando los prejuicios.
Porque lo que queremos está ahí, guardado dentro de nosotras.
No lo queremos ver porque nos da miedo, enojo, pereza.

Miedo de que nuestros sueños no concuerden con la imagen que nos hicimos de nosotras mismas y que perseguirlos nos implique romper con ciertas cosas de la vida actual.
Construimos una imagen de nosotras mismas que no siempre es la real. Formamos nuestro gusto y nuestras ilusiones copiando o acomodándonos a lo que quieren los demás, o a nuestra situación actual, o a una línea de pensamiento social, sin reflexionar si realmente eso es lo que nos hace vibrar.

Enojo porque, si nos damos cuenta de que no lo vimos antes, vamos a pensar que perdimos mucho tiempo escondiéndonos de nosotras mismas y nos sentiríamos frustradas por no haber actuado antes, por haber dejado pasar el tiempo, como si darse cuenta ahora no fuera maravilloso.

Y **pereza** de entrar en acción, de hacer un esfuerzo por movernos de lugar.

Entonces nos conformamos con querer cosas desde un costadito, acomodando nuestras ilusiones a nuestra vida actual, a nuestro entorno, sin hacer mucho ruido para no molestar.

Y a eso… ¡súmenle nuestros prejuicios!

Y ahí ya estamos jodidas del todo.

El juicio nos marca cada paso. Nos condiciona y, a veces, nos paraliza.

Por eso, para saber lo que queremos, tenemos que hacer el ejercicio de soñar **sin juicios**, sintiéndonos merecedoras de **todo lo bueno**, y así limpiar los filtros de nuestra mente.

Les doy un par de ejemplos para que, a través de mí, puedan ver cómo nos vamos juzgando y matando nuestros sueños.

Mi yo 1: Ay, cómo me gustaría tener un Porsche. Negro, descapotable y con tapizado de cuero. *Beige.*
Mi otro yo: Lucila, ¿para qué quieres un Porsche?
Mi yo 1: Bueno, qué sé yo, me imagino conduciendo el coche descapotado en verano con las uñas pintadas de rojo sobre el volante…
Mi otro yo: Pero escúchame, ¿tú sabes el precio de los repuestos? Con lo que pagas el cambio de embriague, te compras un coche nuevo. ¿Y el seguro?
Mi yo 1: No lo sé, pero me haría ilusión…
Mi otro yo: Tendrías que estar contenta y agradecida con el auto que tienes… ¿Nada te alcanza?

Conclusión: deseo 1 frustrado. Ya no lo quiero más. Pienso que no lo merezco.

Mi yo 1: La verdad es que me gustaría haber sido bailarina o hacer gimnasia artística… Tal vez me anote en *ballet* para adultos.
Mi otro yo: Vas a tener que esperar a tu próxima vida, porque ya te encuentras grande para eso. A ver si en un saltito te rompes un hueso…
Mi yo 1: Bueno, pero tal vez en alguna academia puedo aprender, y de paso me divierto…

Mi otro yo: Bueno, muy dotada para el baile no naciste. ¿Viste tu coordinación?

Mi yo 1: Todo en la vida es práctica, no tengo apuro. Si empiezo ahora, a los 70 hasta puedo ganar un concurso de baile de veteranas.

Mi otro yo: Si te parece... ¿Qué necesidad hay? ¿Viste qué lindo día?

Mi yo 1: Te estoy hablando de que tengo la ilusión de bailar, quiero hacer el esfuerzo, me decido, ¿y tú me hablas del tiempo?

Conclusión: deseo 2 frustrado también.

¿Para qué voy a desear algo que nunca voy a conseguir?
¿Para quedarme con las ganas?

No. Es para, mínimamente, movernos de nuestro sitio. Para crecer. ¡Para experimentar! ¡Para coleccionar anécdotas! Para sentir cosas.

¿Podríamos incluir en el combo el miedo a arrepentirnos?
Mira si deseo ir a Roma y después me doy cuenta de que lo que quería era ir al Caribe... ¿Lo puedo cambiar?
¿Y si ya está en camino como un paquete de Amazon?

Démonos el permiso también de poder desear algo y, si a los dos días no nos gusta más, transformarlo en otra cosa.

El universo te da el derecho de cambiar lo que quieres; si no, a todo lo anterior le tendríamos que agregar el temita del miedo a no estar seguras de si es el deseo correcto. Porque así ya nos paralizaríamos del todo.

Al principio, en esta práctica todo vale. Hay que soltarse, bailar como locas con nuestros sueños. Hay que desprenderse de las trabas que nos vamos poniendo.

Tenemos que ampliar el permiso que nos damos de hasta dónde podemos llegar.
Callar nuestra mente y nuestros mandatos.

Poco a poco.

También sirve.

Call to action del capítulo 4:

Esto es bastante sencillo. El fin de este capítulo es ejercitar el deseo y que se vuelva natural en ti.

Escribe una lista de todo lo que se te ocurra: zapatos, viajes, trabajos, placeres, cremas, ser más simpática, saber cocinar, tener dos novios, pintarte las uñas de verde fluorescente...
Qué sé yo, todo. Todo, todo.

No te frenes, no juzgues, simplemente desea.

Y a no olvidar de pensar en grande. Porque como uno desea lo que cree que se merece, si te sientes pequeña, deseas pequeño.
Así como agrandamos los músculos en el gimnasio, agrandemos nuestra capacidad de desear a través del ejercicio.

¿Y qué hacer con esa lista?
Nada por ahora. Guárdala.

Nos vemos en el próximo capítulo.

CAPÍTULO 5
LA AUTOESTIMA

La autoestima, según el diccionario, es el aprecio o consideración que uno tiene hacia sí mismo, y la construimos mayormente en nuestra infancia. Está influenciada por varios factores, pero el más importante es el amor que nos dieron nuestros mayores durante los primeros años de vida.

Lo que yo me pregunto es, si a mí no me tocaron unos padres amorosos o tuve un entorno algo tóxico, en este momento, ya empezando casi la tercera edad, ¿qué hago? ¿Muero y vuelvo a nacer?

Me niego a ver mi vida como algo que ya no puedo transmutar y dar todo por perdido. Por eso, hoy quiero transformar el significado de la palabra y enfocar el tema hacia la fe que yo me tengo.

El pasado no se puede cambiar, pero la confianza en una misma sí.

Se puede educar estando atentas y trabajando en ello.

No creo conocer ser humano en esta tierra que no haya vivido la experiencia de perder y recuperar la confianza propia repetidas veces. Y por ahí voy.

Cuando estemos con la moral baja y veamos un panorama negro, con algo de intención y un poco de esfuerzo, podríamos concentrarnos en nuestras virtudes y enfocar la mirada hacia ese lado para salir del espiral negativo.

Creo que ese es el eje de la cuestión: confiar en nosotras mismas y convencernos de que vamos a lograr lo que queremos. De que tenemos la capacidad de conseguir lo que nos propongamos.

Aunque requiera esfuerzo.

Tal vez eso no te lleve a la meta, pero al menos te ayude a moverte del lugar en el que estás ahora.

Igualmente tenernos fe cuando sabemos lo que queremos es sencillo.
Cuando tenemos ganas de hacer las cosas y de progresar, cuando vemos nuestros valores...

Pero
¿y si estoy perdida?
¿Si no tengo ganas?
¿Si no sé para qué lado moverme?
¿Si pienso que no puedo?
¿Si no sé lo que quiero?
¿Si no creo en mí?
¿Si me da pereza avanzar?
¿Si tengo dudas de que eso sea lo correcto?

¿Qué hago?

Es fácil avanzar cuando tienes un plan.

Uno siempre lee en los libros de desarrollo personal: hay que ponerse metas en la vida y trabajar por ellas.

¿Y si no las tenemos? ¿Ni siquiera una vaga idea?
Venga, sumemos otra frustración.

Yo no tengo un plan para este libro: no sé cómo voy a seguir mañana y ni cómo voy a terminar. Entonces, voy por día.
Solo me prometo escribir un rato cada tarde. Porque en este momento lo importante es moverme. Aunque en mi camino tenga que seguir sin una meta fija, a veces enojada por pensar que pierdo el tiempo. Inconforme también, porque, en mi caso, lo que leo no está perfecto, pero sabiendo, al menos, que hoy hice algo por mí.

Si hubiera una sola enseñanza que pudiera dejar en estas páginas, que en realidad no es una enseñanza sino una ayuda memoria es, **haz** algo por ti hoy. Eso es lo que va a hacer que te respetes y te quieras cada vez más. Cumplir con tu palabra. Comprometerte.

Un poquito, cualquier cosa.

Practicar con los deseos ya es un buen comienzo.

Caminar, tomar mucha agua, comer sano, dibujar, tejer, escribir lo que te salga de adentro…
Imaginarte, no sé, viajando, si te gusta, o ganando un premio, teniendo el armario ordenado, el cabello de otro color, quizás recibiendo el diploma de alguna carrera que quisieras estudiar…

Alguna de ustedes va a pensar que es una tontería: que es vago, banal, inconcreto, hasta básico.

No obstante, permitirte pensarte en un lugar mejor, **permitirte**, que es lo que no hacemos en esta sociedad donde el gozo es pecado, donde sufrir nos hace más válidos, **es un gran paso**.

Soñar sin estar cuestionándote: «No sé si me lo merezco», «No sé si podré hacerlo», «No sé si estoy de humor», «No sé si tengo edad», «No sé si estará bien», «Qué van a pensar mis amigos, mi familia»…

Aunque tengas miedo de que te salga mal, de fracasar.
Aunque en este momento no se te dé la gana, o no estés tan inspirada, o tengas un plan mejor.
Porque así es como sueltas tu meta.
Porque no te comprometes un día, y otro más…
Y así vas llenándote de excusas…
Y luego todos los miedos actúan para boicotearte.

Y chau.
Fin.

Es tan cómodo lamentarte por no lograr lo que quieres. ¡La tentación es tan grande! Es más fácil quedarte donde te encuentras. Siempre. No creo tampoco que haya que ser una kamikaze y dejar todo para lograr tu sueño, porque eso es otra manera de boicotearte.

Es importante ser consciente de cómo está tu amor propio, porque es básico para destrabarse. Es algo en lo que tenemos que sincerarnos para que no se nos oxiden las ganas.

¿Y cómo haces para saberlo?

Preguntándote:

- ¿Qué pienso yo de mí?
- ¿Qué pienso yo de mí?
- ¿Qué pienso yo de mí?

Sin teñirlo con lo que piensa tu mamá, tu hijo, tu profesora de yoga...

¿Qué pienso yo de mí?

La verdad, la verdad más verdadera, la puerta hacia la libertad...
¿Qué pienso yo de mí?

Esta es una tarea que a mí en lo particular me llevó algún tiempo...
No quería ni saberlo porque había algunas cosas que no me gustaba para nada reconocer ni aceptar.
Me daría y me da pánico descubrir fallas del pasado que ya no puedo arreglar. Más aún si pienso que haber evitado algún error hubiese podido cambiar mi destino, que pude haber desaprovechado una oportunidad que ya nunca voy a poder vivir porque es demasiado tarde.

Estimadas amigas: para ser valiente, es necesario ser humilde, reconocer los errores, cerrar capítulos y así entrar en acción.
Movámonos del pánico que nos da mirarnos.
Permitámonos aceptarnos imperfectas. Tratémonos con cariño y tolerancia.

Hagámonos amigas de nosotras mismas, sonriámonos.
Agradezcámonos.
Seamos felices de ser quienes somos.

Enfrentemos el temor que nos da ver nuestros errores para poder pasar página y así caminar para delante.

¡Cómo no voy a querer bucear dentro de mí porque me da miedo lo que siento y lo que pienso!

¡Cómo no voy a tener la confianza de poder hablarme sinceramente!

Porque, para tener una mejor autoestima, hay que aprender a quererse. No pedirse demasiado, pero tampoco dejarse estar.

Hay que exigirse un poco. Esto es como la gimnasia: si quieres tener músculos, tienes que levantar pesas. Pensar solo en la técnica de los ejercicios no te hace avanzar.

También quiero sumar a este capítulo lo importante que es el hecho de ponerse a una primero, sin culpas. De equilibrar los espacios que les damos a los demás con los que nos damos a nosotras mismas, sin sentir que eso es un rapto de egoísmo. A mí me costó mucho aprender eso; es más, muchas veces me lo sigo cuestionando, pero no voy a volver atrás.

Si yo pude, tú también.

Vamos. En marcha.

Call to action del capítulo 5:

Bueno, estamos nuevamente ante otro tema intenso. ¡A por todo!

La tarea para este capítulo es la siguiente: en un cuaderno, porque es importante que sea manuscrito, vas a responder a diario cinco veces la pregunta «¿Qué pienso yo de mí?» durante dos semanas.

No importa lo que escribas: esta es una manera de desatascar la mente, sacar para afuera lo que piensas, entender de qué manera va cambiando tu opinión, que va y viene de lo bueno a malo un millón de veces...

Me permito pensar que la cuestión no es tan purista ni tan estable, por lo menos para mí... En el mismo día me puedo ver linda y fea, gorda, flaca, brillante, tonta, exitosa y fracasada al menos un millón de veces.

Me levanto, me miro al espejo y estoy divina: juvenil, estirada... Bah, genial.
A los dos minutos, lo que veo reflejado es una señora vieja y en decadencia, como si en algunos segundos mi fisonomía pudiera variar por arte de magia.

Vamos y venimos en nuestra visión como las olas. El mar cambia: a veces es calmo, otras algo movido, hay días de tormenta y, de vez en cuando, ¡algún tsunami nos arrasa!

El fin de bajarlo al papel y en un cuaderno —para poder verlo todo junto— es tener un historial que nos va a mostrar un patrón claro de lo que profundamente pensamos de nosotras mismas y de cómo fluctúa.

El segundo paso es separar de la lista lo que te gusta y lo que no te gusta de ti misma.

¿Y qué haces con eso?
¿Qué tiene que ver con tu autoestima?

Cuando te permites saber lo que hay en tu interior, cuando bajas las cartas sobre la mesa y concientizas realmente lo que piensas, lo haces presente en tu vida.

Seguramente, haya cosas que no te gustan, que llevan a que te respetes menos, a que no confíes en ti.

Yo no confío en mí cuando me digo que esta semana voy a caminar media hora por día y no lo hago; o cuando como alimentos que me hacen mal y me arrepiento; o cuando contesto de mala manera sin detenerme a pensar antes de hablar, hiriendo a la gente con mis palabras…

Esas pequeñas acciones que me alejan de lo que me gustaría ser van minando mi amor propio.

El saber me lleva a estar más consciente, más presente, y a tratar de achicar el número de movimientos que no me benefician, para así estar más contenta y bajar la culpa que me persigue.

¿Cómo?
Con pasos simples: evitando entrar en situaciones que sé que luego me van a hacer sentir mal.
No prometiéndome cosas que sé fehacientemente que no voy a concretar. Porque si no, entro en un ciclo de culpa y castigo que no me suma nada.

Son pequeños los movimientos, pero muy valiosos.

Yo no llegué a la perfección, ni de lejos. No obstante, cada pasito que doy me lo agradezco, y mucho. Eso es lo que tiene que ver con la autoestima, el hacer el esfuerzo de ser un poquito mejor, de hacer algo que me haga sentir bien. De no mentirme por lo menos.

El conocerse tiene un valor, un valor muy importante.
Nadie puede elegir lo que no ve. Es muy difícil.
El darte cuenta de cómo eres, de tus luces y tus sombras, te va a permitir ser más consciente de lo que haces y elegir, a veces y mientras puedas, lo que te haga sentir bien.

Es un camino largo, en donde vas a ir para atrás y para delante un millón de veces, pero avanzando, porque, aunque tú no lo creas, el conocimiento te da poder.

Poco a poco también sirve.

CAPÍTULO 6
NO ESCUCHES A NADIE

Los cambios internos son movimientos individuales, personales y que, a mi parecer y en mi experiencia, llevan mucho de autorreflexión. Son caminos que tenemos que recorrer solas, sobre todo, en una primera instancia.

Es un tiempo, diríamos, egoísta, donde se mueven muchas cosas personales.

Hay momentos de alegría, otros de tristeza, cosas que decantan muy rápido y otras que no terminaremos de digerir nunca.

Entiendo que queramos reafirmar nuestra acción abriéndola al mundo para ir acompañadas, recibir apoyo y contención, pero este no es el momento de compartir, porque si ya de por sí, en lo cotidiano, nuestras inseguridades internas nos hacen tambalear ante cualquier frase negativa, imagínense ahora que estamos a flor de piel.

O acaso si vas a una fiesta, por poner un ejemplo, donde treinta personas te dicen que estás linda y una, solo una, te pregunta por qué te pusiste ese vestido —ni hace falta que sea un mal comentario—, no se te iría la alegría a la basura. Ya te alcanzaría eso para que te inunde la incertidumbre. Comenzarías a dudar de ti misma y tu disfrute quedaría un poco opacado, ¿o no?

Sumado a nuestras inseguridades, cambiar, a veces representa, en sentido figurado por supuesto, una amenaza para nuestros afectos, y se debe al miedo que les puede provocar nuestra transformación: temor a que dejes de quererlos, o pocas ganas de adaptarse a tus nuevos valores. Por eso, inconscientemente, en lugar de alentarte, tal vez traben tu avance. Es normal, nos podría pasar a nosotras si estuviéramos del otro lado.

Tal vez también sea a ti a quien le interese sentir cosas nuevas, saldar cuentas pendientes en su vida, pero desde la visión del otro te encuentres genial. No se olviden de que los cambios normalmente surgen debido a necesidades internas e individuales.

Entonces te dirán frases como las siguientes:

- «¿Para qué quieres cambiar, si así estás bien?».
- «¡Qué manera de perder el tiempo!».
- «Esto no es para ti».
- «Eso no sirve para nada».

Escuchar algo así en este momento es un arma de doble filo. Y no sé ustedes, pero con todas la voces que ya tengo dentro de mi cabeza y que me hablan sin parar, para qué quiero más.

Aclaro que no estoy afirmando que **ninguna persona de nuestro entorno quiere que cambiemos** ni que **nadie desea nuestra evolución**. Tampoco es cosa de que ahora desconfíes de tus afectos ni que todos sean sospechosos.
No, no, para nada. Ni mucho menos, pero, al estar nosotras tan vulnerables y llenas de dudas, cualquier comentario que se pueda malinterpretar será suficiente para abandonar el trabajo de evolución. De eso es de lo que hablo, de que haya algo que escuches y que no te haga sentir bien. Es en este instante donde

corremos el riesgo de desandar nuestros pasos y abandonar el juego.

Yo muchas veces confié mis proyectos a gente que sabía que me iba a decir que no los podía hacer o que no eran una buena idea, para tener el pretexto indicado y no seguir avanzando en esos temas. Inconscientemente, los utilizaba como excusa para abandonarlo todo. Me boicoteaba de esa manera. Yo quería moverme de donde estaba, pero me daba miedo, pereza, y cualquier excusa me venía bien para claudicar.

Tampoco estoy de acuerdo con esa teoría de que en el camino del cambio, tengas que deshacerte de toda la gente negativa, o que no te ayuda, porque te quedarías sola… Simplemente con saber dónde estás parada y no dar lugar a las opiniones poco constructivas, suficiente.
Poner límites al resto es laborioso, pero se consigue.

Yo sé que este es un paso difícil de sostener en el tiempo, pero te aseguro que vale la pena y te hace crecer. El trabajo interno es de una misma, y una de las maneras de responsabilizarse es tomando el compromiso de cuidarlo y de no boicotearlo.

Es un muy buen momento también para aprender a disfrutar de ti, de tus pensamientos, de tus silencios… Es maravilloso descubrir que siempre te puedes ayudar, acompañar, alentar.

No te pierdas del placer de estar contigo misma.

Call to action del capítulo 6:

Cuando el camino de querer evolucionar recién empieza, es muy fácil abandonar el proyecto. Cualquier excusa viene bien.

¿Por qué pasa esto?
Porque el trayecto es intenso, porque vamos a ver cosas que no nos gustan, porque nos da pereza ocuparnos, porque lleva tiempo, remueve sentimientos, nos enoja.
En fin, por muchas cosas, pero sobre todo porque hay que ser constante y sostener el trabajo en el tiempo.
Y a veces se pone difícil no claudicar. Es más cómodo ser como siempre fuimos que estar atentas a no repetir errores.

La intención en esta instancia será guardarnos las cosas para nosotras mismas. No hace falta publicarlo en el periódico. Principalmente hasta que la semilla brote y crezca fuerte. Ya llegará el tiempo de compartirlo, si así lo decides.

Nuestra misión es dar los primeros pasos mirando hacia dentro.
Ya verás cómo te valorarás luego haberlo logrado tú sola, haberte dado cuenta de que sí has podido hacerlo, de que tienes las herramientas y el valor para ir por tus sueños.

Entiendo también que en algunas personas la necesidad de comunicarse supone un sentimiento muy fuerte. En ese caso, escríbelo en un cuaderno, cuenta tu historia, que tal vez en un futuro les sirva a otras personas para evolucionar.

Puedes comprarte un diario para ir relatando lo que te pasa, lo que sientes. O grabarlo como una nota de voz en el teléfono, si no te gusta el hecho de escribir. Relátate cada día como si fuera un cuento, una aventura.

Entendamos que muchas veces el querer compartir nuestras vivencias es simplemente el deseo de sacarlas de adentro, y cualquier manera es válida.

Tú puedes hacerlo. Confía.

CAPÍTULO 7
POTENCIA TUS VIRTUDES

En el camino de ser mejores, de encontrar nuestro rumbo, sería importante entender que tener en cuenta los valores humanos nos facilita mucho el proceso.

Nada de lo que elijamos va a llegar a buen puerto si no aporta algo bueno a los demás, si no sirve para dejar el mundo mejor de lo que lo encontramos, o si no nos hace sentir dignas de nosotras mismas.

Todas, en esencia, somos virtuosas. **Todas.**

Y no me refiero a saber cocinar, o escribir, o cantar, sino a **las virtudes**.

Las verdaderas.

Las que están directamente enlazadas con los valores, que son pocos, universales, y nos los sabemos de memoria: no robar, ayudar al prójimo, no mentir, no engañar, ser generosas…

Cada una de nosotras viene al mundo con esa **ética** incorporada en el ADN. Está ahí, dentro nuestro. Tal vez no la practiques siempre, o no te la enseñaron, o alguna mala vivencia te haya llevado a esconderla y a transformarla en resentimiento, pero la tienes ahí. Intacta.

Y podría afirmar que todas las virtudes están directamente enlazadas con el dar. Son esas acciones que te hacen sentir bien, buena, plena, pura, elevada, liviana, merecedora, generosa.

Si haces un poco de memoria, sin ninguna duda vas a recordar la emoción que viviste frente a algún gesto desinteresado que tuviste para con alguien. Cómo se te explotó el corazón de amor.

Tal vez fue una tontería, cosas pequeñas que hacemos todos los días naturalmente, a veces casi sin pensar. Hacer un favor, agradecer, animar, acompañar.

Esos valores son los que nos potencian, los que nos hacen florecer, los que sacan lo mejor de nosotras y, aunque no nos hayamos dado cuenta, se relacionan directamente con nuestra autoestima. Y la autoestima con nuestros deseos y con las ganas de hacer cosas.

Así se comienza a mover el engranaje de la acción.

Parece complicado, pero no.

Tenemos que aprender a mirarnos con cariño y a encontrar lo positivo, y potenciarlo. Ser buenas, ser generosas, ser amables nos hace sentir grandiosas, invencibles.

Cualquier gesto, aunque sea pequeño, te enaltece. Te libera de la culpa de no saber para qué lado disparar.

Cuando yo leía estas premisas en algún libro de autoayuda que compraba por ahí, me mareaba, porque pensaba que tenía que armar una fundación, ayudar a los pobres, donar mi tiempo, ir a un hospital... No me quedaba claro el sentido de estas palabras, hasta que entendí que cada uno desde su lugar puede aportar muchísimo.

No hace falta imaginarse grandes cosas si no nos son naturales.

Es apenas una pequeña acción. Empezar con un gesto que encadene otras vivencias.

Si creemos que tenemos que ser como la madre Teresa, nos agobiaríamos. Esa vara tan alta para comenzar nos va a abrumar.

Cuando una no está orientada, pensar en dar algo cuando ni siquiera puedes contigo misma no ayuda. Pero no importa. Empieza de a poco, archiva la info. Guárdala en tu cerebro hasta que llegue el momento. Cree firmemente que algún día, más pronto que lejos, vas a estar brindando a la vida cosas maravillosas. Para ti y para el mundo.

Valora lo que das ahora, no te compares.

Hoy, estoy enfrente de mi ordenador, pensando en las cosas importantes que hacen los demás mientras yo estoy aquí sentada, escribiendo pavadas y perdiendo el tiempo. Pero, en el fondo de mi alma, estoy convencida de que esto va a ayudar a mucha gente a quererse más. Aunque ahora lo lea y crea que es una tontería.

¿Saben por qué se los expreso? Para que vean que todos tenemos incertidumbres, que somos frágiles dependiendo desde dónde miramos las cosas.
Por eso hay que hacer el esfuerzo y tener la generosidad para con una misma de ser positiva, de mirar lo bueno, de potenciarlo, de valorarse y de ser felices. Ese es el primer paso.

Call to action del capítulo 7:

Sé amable.

Este es un experimento que me hice a mí misma y que me ha dejado sorprendidísima.
Es una mezcla de lo que leí de Víctor Kuppers sobre la amabilidad y de lo que leo de Alicia Sánchez, una de mis desarrolladoras personales favoritas.

Haz una lista de tus deseos, de lo que quieras, de lo que creas que te merezcas por ser como eres. Y de lo que creas que no merezcas también. Todo. También puedes utilizar la lista que has hecho en el capítulo 4.

Ahora, por una semana, sé amable.
Y seguramente te preguntarás qué estoy queriendo decir.

Tranquila, ahora me explico.
A mi parecer, no hay nada material que nos dé felicidad plena.
Nada.
Ni una Ferrari, ni un viaje, ni una comida, ni una joya, nada. Te lo digo con conocimiento de causa. Lo que nos pone contentas son las sensaciones que nos traen esas cosas, pero lamentablemente son efímeras. Así como vienen, se van.

Aclaro que me encanta recibir sorpresas, viajar, ir a restaurantes elegantes, comprarme ropa, adoro los regalos y espero seguir recibiéndolos.
Y soy muy agradecida por eso.
Pero tengo bien ubicada la emoción que me provocan.

El dar te da felicidad con paz. Te da silencio interno. Te calla el ruido.

Eso se logra siendo generosa con una misma y con los demás.

No importa lo que brindes, si es un gesto o una gran ayuda.

Lo que des te va a hacer sentir magnífica.

Lo que das te engrandece.

Te hace sentir bien.

Porque cuando ayudas a alguien, sientes paz del alma.

Cuando digo *amabilidad* estoy hablando propiamente de eso. De mirar a los ojos cuando hablas, de sonreír, de pedir las cosas por favor, de no enojarte ni impacientarte con el que no te trata como esperas, de sortear tu intolerancia y tu impaciencia.

Esos gestos son tan poderosos que hasta logran dar vuelta algunas situaciones tensas. Hacer sentir al otro que lo tienes en cuenta logrará que se relaje.

Prueba en el trabajo o en tu casa con alguna persona con la que te lleves mal y trátala de una manera amable, diferente a lo habitual…

¡Hazlo y verás los resultados!

Estoy hablando simplemente de ser amable, sin ayudar a nadie, ni donar nada, ni invertir más tiempo de lo normal… A veces se trata simplemente de sonreír.

Después de un par de semanas de practicarlo, porque también lo hice, comencé a darme cuenta por mis actitudes de que mi autoestima estaba creciendo.

Sentía que me quería más, me sentía mejor, más tranquila.

Empecé a cambiar algunas actitudes para conmigo misma, y hasta me daba más espacios individuales… **¡Solo por sonreírle a la gente!**

Cuando tienes la autoestima alta, los deseos cambian. Necesitas menos cosas materiales porque sientes que la felicidad viene de adentro.

Haz la prueba.
Chequea tu lista después de unos días de ser amable y verás que algunas cosas sobran.

CAPÍTULO 8
ACTÚA Y SÉ CONSTANTE

«Vigila, espíritu, vigila,
no pierdas nunca tu norte,
no te dejes llevar a la tranquila
agua mansa de ningún puerto».
JOAN MARAGALL

No hay inteligencia, ni brillantez, ni talento que nos haga avanzar si no contamos con la perseverancia que se necesita para continuar el camino. Para no claudicar, para no escaparnos, para seguir el viaje sin pausa, pase lo que pase.

Es el tomarnos cada día, aunque sea, un ratito de tiempo para nosotras y dedicarlo a algo que nos nutra y que nos entusiasme, lo que nos va a hacer mover de donde estamos.

Yo sé que hay veces en que no hay lugar para eso, que estamos desbordadas, que el entorno nos enloquece, pero ahí es donde, aunque sea, tenemos que escaparnos 30 segundos para mirarnos al espejo y decirnos: «Estoy acá, no te abandoné, tranquila, que ya te voy a atender. No me olvidé de ti».

No tiremos todo por la borda.

Poco a poco también sirve.

Di clases de pastelería durante casi una década. Aún puedo ver a través de Instagram la vida de mis exalumnos. De los que hace casi treinta años, o veinte, según el caso, entraron a mis aulas, ansiosos, expectantes, con sus sueños nuevos y toda la vida por delante.

Espío su crecimiento, los veo madurar, viajar, tener hijos, lograr sueños, sufrir... Me gusta ver cómo se desarrollan.

¿Y saben quiénes son los que avanzan, se caen, se frustran, se levantan, cambian, sueñan y logran llegar a sus metas?

Y hablo en todo sentido, porque algunos son deportistas, otras son mamás, unos cuantos tienen —después de muchos años— su propio restaurante, algunos están trabajando en Europa...

¿Quiénes?

¿Los más brillantes? ¿Los que tenían talento y facilidad? ¿Los que yo pensaba que ya tenían la vida ganada?

No. No todos. Ni solo ellos.

Los que consiguen sus metas son los que tienen constancia, los que tienen capacidad de frustración. Los que no desisten. Los que ponen un ladrillito día por día en la construcción de sus anhelos.

Los que llegan son los que tienen paciencia; los que no claudican; los que, a pesar de no tener ganas, continúan caminando.

Sin ansiedad, e incluso te diría hasta sin tantas expectativas, pero con ahínco, con fuerza de voluntad.

No se están cuestionando si son capaces, si lo van a lograr, si avanzaron mucho o poco, si tienen todo lo que necesitarían para obtener lo que desean, si el escenario es el indicado, si hace demasiado frío o calor, no.

Ellos siguen firmes hacia delante.

La brillantez, la inteligencia, la seguridad, hasta el ser el mejor, simplemente son comodines que suman, pero que no determinan la vida.

A veces un poco de inconsciencia es necesaria, porque, si estudiamos todo al detalle, si esperamos el momento indicado, si necesitamos la inspiración total y el clima justo, nunca vamos a hacer nada.

Se los dice una mujer perfeccionista.
No puedo incursionar en determinadas situaciones porque quiero que a la primera me salga todo perfecto. Y del miedo a fallar, no hago nada. Y así nunca voy a mejorar.

Si fuera por ellos, los niños no irían nunca a la escuela.
O poco.
O solo para jugar.
¿Pero qué sería de ellos sin el aprendizaje de tantos años?
¿En qué se transformarían si hacen solamente lo que tienen ganas?
¿Se puede aprender algo si solo nos dedicamos a eso cuando queremos? ¿Únicamente cuando nos surge el entusiasmo?
¡No!

Hay que hacer el esfuerzo, pero sobre todo mantenerlo.
Es más fácil encontrar excusas que inspiración, sobre todo a medida que pasan los días. ¡Y los años!

Sostener algo en el tiempo es, sin duda, lo más desafiante.
Hoy mismo, no me quería sentar a escribir. Me costó, pero lo hice, y ahora estoy feliz conmigo misma; me siento contenta, lograda; me da la sensación de que me muevo, aunque solo haya avanzado una página.

Yo sé que pueden haber idas y venidas, pero hay que tomarlas como una parte del camino.

A veces ocurre que nos levantamos inspiradas, decidimos hacer algo con toda la energía, ¡se nos explota el corazón de las ganas! Sin embargo, a medida que pasan las horas, vamos perdiendo el entusiasmo. Cada vez nos ocupamos menos del tema y al tiempo, lo abandonamos.

Y así nos quedamos como estamos.

Por no movernos, por no seguir, por no incomodarnos.

¿Cuántas veces comenzamos una dieta para adelgazar y como pecamos con algo que no debíamos, lo tiramos todo por la borda?

Vamos al *gym* durante tres semanas y a la cuarta caemos en cama engripadas; entonces no hacemos gimnasia por unos días y, como ya se nos fue la emoción, no vamos nunca más.

¿Cómo te enseñaron tus padres a montar en bicicleta?

¿Abandonando todo la primera vez que te caíste?

No.

Te hicieron levantar mil veces.

Hasta que pudieras andar sola. Aunque hayan tomado días, semanas, hasta meses, no pararon hasta que salieras pedaleando.

¿Recuerdas la sensación de ese momento en que lo lograste?

Yo me acuerdo de la cara de mi hijo en ese instante.

Apoteótica.

Es así porque el resultado fue el fruto de su propio esfuerzo, la luz al final del camino. El llegar a *lo imposible*.

Las caídas también forman parte de esta empresa que es la existencia, y hay que verlas como tal. Me tropiezo, me levanto y sigo adelante. No pasa nada. Si tengo que frenar un poco, lo hago, pero si me comprometo, me comprometo.

No esperemos estar al 100 % seguras de todo porque si no, nos vamos a quedar en el mismo sitio toda la vida.
Seamos valientes. Permitámonos estar orgullosas de nosotras mismas.
Y no por resultado, sino por transitar el camino. Por habernos animado.

Pero ¿qué pasa si no sabemos qué es lo que queremos?
¿Cómo vamos a actuar?
¿Qué hago?
Empiezo por cuidarme.
Por poner en orden mi vida.
Haciendo un *checklist*.

¿Cómo me alimento? ¿Hago una dieta variada?
¿Practico algún deporte? ¿Alguna disciplina para que mi cuerpo esté mejor?
¿Reflexiono sobre la vida? ¿Medito?
¿Voy al dentista para hacerme una revisión?
¿Hace cuánto que no me hago un chequeo médico?
¿Tengo mis armarios ordenados?
Y así puedo seguir hasta el infinito.

Cuando tenemos un orden físico, concreto, todo le sigue y también se ordena.
La claridad mental se refleja a tu alrededor.
Esta es una de las maneras para salir de la paralización.
Actuando.

Haciendo algo, aunque sea 10 minutos por día, que te haga avanzar en el camino de tus sueños. Un poquito.

Para que cuando te vayas a dormir, no sientas que se te fue el día en nada.

La constancia es la madre de todo cambio: no hay talento ni brillantez ni arte ni inspiración que valga si no hay constancia. Es lo más difícil en este camino, pero lo más valioso.

Cuando sientas que llegó el momento de activar, aunque no sepas qué hacer, tienes que comprometerte.

Porque tú sabes internamente cuándo tienes que insistir.

Vas percibiendo que hay que cambiar cosas; que estás como oxidada, incómoda, triste, molesta; y cuando pasa eso, te recomiendo que seas tú la que le dé un giro a tu vida, porque si no, la vida solita te va a hacer girar como un trompo para acomodarte.

Vales mucho como para quedarte aquí sentada. A moverse.

Call to action del capítulo 8:

Este *call to action* es el más sencillo, pero al mismo tiempo el más desafiante.

El más libre, pero el más comprometido, porque es difícil de sostener.

La consigna es dedicar 10 minutos por día durante un mes a repetir una acción.

Podría ser cualquier cosa: aprender a dibujar un árbol, quitar la hierba mala de las macetas, hacer abdominales, escribir, pintar mandalas, leer, hacerte mascarillas faciales, no sé, lo que sea, pero siempre lo mismo y algo que no hagas habitualmente. Una cosa nueva que genere en ti un esfuerzo.

La idea es poder mantenerlo en el correr de los días sin pausas para demostrarnos a nosotras mismas que podemos avanzar. Que podemos comprometernos. Que tenemos esa capacidad.

Va a fortalecer nuestra autoestima y, aunque parezca demasiado sencillo, nos va a hacer sentir bien con nosotras mismas.

La clave es elegir algo simple, que no nos implique mucha energía y que no nos frustre antes de hacerlo. Debería ser una actividad que medianamente nos guste.

Si me propongo algo muy complicado o incómodo, será más difícil de sostener en el tiempo.

Lo ideal sería elegir siempre la misma hora para este ritual, porque eso de ir posponiéndolo para después no suma en el desafío. Las rutinas ayudan a ordenarnos. Nos contienen. Nos apoyan en nuestro camino.

Si pueden conseguir esto, se lo van a valorar. Parece simple, pero es un desafío.

Es momento de reflexionar… ¡Ténganse fe! ¡Nos vemos pronto!

CAPÍTULO 9
HAZTE RESPONSABLE DE TI MISMA

Remóntate hasta tu más preciada niñez.

Acuérdate de ese momento en el que te golpeabas con una mesa y venía tu madre, abuela, padre, o quien estuviera en la escena y decía: «¡Mesa mala, que le pegó a la niña!».

O cuando reprobabas un examen y era por culpa del profesor, que había explicado mal, o porque algún compañero te había puesto nerviosa.

También podríamos traer a la mesa otras frases como las siguientes:

—«Yo no triunfé porque mi padre pensaba que era una incapaz».
—«No tengo éxito porque, como soy la hermana del medio, no me sentí valorada y mi autoestima es muy baja».
—«No estudié lo que me apasionaba porque no era lo que mi familia esperaba de mí».

Así puedo seguir haciendo una lista eterna…

Somos una cultura educada para que la culpa siempre la tenga otro: tus padres, los profesores, el clima, el país, la economía, tu falta de dinero, de amor, de motivación…

Vamos ejercitando día a día el depositar la responsabilidad de nuestra vida en el afuera, y llega el momento en que nos despertamos sintiendo que hasta que todo nuestro entorno no se modifique en menor o mayor medida, nosotras no podremos avanzar ni ser felices. Así, dependemos de la acción ajena por completo. Ya ni siquiera somos dueñas de nuestra existencia.
Siempre tenemos un motivo para no ponernos manos a la obra. Alguna excusa que nos impide lanzarnos al mundo. Escapamos al hecho de hacernos responsables de nuestros actos, no queremos o no podemos cargar con las consecuencias.
No tenemos el ejercicio.

Me llevó muchos años de terapia darme cuenta de que la responsabilidad de mi camino en este mundo desde el comienzo de la adultez, es pura y exclusivamente mía y que tengo que hacerme dueña de cada una de las acciones que haga o deje de hacer, con lo que eso conlleve. Bueno o malo.

Todo depende de mí. Sin excusas. Tenga el pasado que tenga.

Hasta que no me haga responsable de mí misma y empiece a tomar el timón de mi futuro, poco voy a avanzar.
Dejando de lado casos extremos de personas que han tenido que batallar con heridas muy profundas, todas lidiamos con traumas, vergüenzas, envidias, situaciones no felices o hechos tristes que nos marcaron y que de alguna manera dejaron huellas en nuestra personalidad. Pareciera que queremos resetear nuestra alma para que no sufra, para que no sienta nada, pero no nos olvidemos de que, si nos anestesiamos, desaparece lo malo, pero lo bueno también…

Y no duden en buscar ayuda si ven que no pueden solas. Hay terapeutas maravillosos que se prepararon para ayudarlas a atravesar este trayecto. Y recuerden que las personas que somos hoy necesitaron de esas *miserias* en el camino para aprender y fortalecerse, para valorar.

Otra cosa a la que tampoco estamos acostumbradas es a ser honestas, y eso también forma parte de nuestra responsabilidad. No sabemos hablarnos con sinceridad, enfrentar nuestras partes oscuras. No las queremos ni ver. Entonces, si sentimos algo malo lo escondemos debajo de la alfombra, o que se haga cargo otro, así no pesa ni duele tanto.

Hacerte responsable de ti misma y reconocer tus sombras te va a llevar a atravesarlas, para así poder salir de este proceso más liviana, mejor.

Si la culpa de lo que te pasa siempre la tiene otro, nunca vas a poder avanzar, porque estarás esperando a que esa persona lo solucione.
Eres tú la que tienes que tomar las riendas de tu vida y reconocer tus errores. Y enmendarlos, si es posible. No tienes que esperar a que nadie haga nada para resolverlo.

¿Estudiaste?
¿Te alimentas bien?
¿Haces deporte?
¿Piensas en ti?
¿Tienes sueños?
¿Hiciste los deberes?
¿Limpiaste tu casa?
¿Le pediste disculpas a esa persona que lastimaste?
¿Le dijiste la verdad?

Es que…
¿Cuántas veces lo escuchamos? ¿Cuántas lo usamos? Siempre hay una excusa, y solemos escudarnos en explicaciones sin sentido porque no queremos estar en falta.

No te tiene que importar lo que los demás piensen de ti.

Mientras que actúes con bondad y buenos valores, los de afuera son de palo.
Sea quien sea.
Porque hoy todo se juzga, todos levantan el dedo para indicarnos si está bien o mal. Si se debe hacer o no. Si es correcto.

«El resto del mundo debe aprobar todas y cada una nuestras acciones».

Y ahí va la gente, volviéndose loca para entrar en los cánones ajenos.

¿Para qué?

¡Para que nos quieran!

Así vamos escondiendo los fracasos para que no nos lapiden.
Del miedo que tenemos a ser rechazadas por *perdedoras* no queremos asumir ningún hecho, por si acaso.

Esta es la generación de las víctimas.
Nadie *sabe* lo que hace ni se hace cargo de nada. El error siempre es del otro. Puede recaer en cualquier ser u objeto que se sitúe de nuestra piel para afuera.
Quedamos frenadas en las situaciones porque, como nosotras no las generamos, no hace falta que las corrijamos.

Si queremos evolucionar, tenemos que estar alerta. Prestemos atención a nuestras excusas porque para mí es uno de los grandes motivos de nuestro estancamiento.

Creo que hasta aquí voy a extenderme en el tema, porque es algo que me vibra fuerte en lo personal.

Hoy estuve tal vez un poco intensa, pero hay temas en los que hay que tomar el toro por las astas.

Esto conlleva mucha reflexión. A por ello.

Call to action del capítulo 9:

A esta altura del camino, por lo que ya has leído, por lo que seguramente trabajaste, por todo lo que se te removió adentro y por haber reflexionado en tantos temas, estás en condiciones de abordar este capítulo.

No es simple o, por lo menos, para mí no lo fue.

Trata de hacer una lista de las cosas que creas que no has hecho por culpa de los demás, o porque no estaba dado el ambiente perfecto para conseguirlo. Esos momentos en los que algo o alguien fueron responsables de tu fracaso o de tu inacción.

El reconocer esas situaciones, el lugar en el que nos paramos en ese momento, o cuán víctimas nos sentíamos, nos servirá para concientizar nuestra posición.

A mí me costó mucho hacerme cargo de mis acciones. Me daba hasta vergüenza, les diría, pero con el ejercicio se hace normal.

Estén atentas, practíquenlo al principio con cosas pequeñas y verán lo liberador que es el no echarle siempre la culpa a otro de lo que nos pasa. El ejercicio las hará más libres, más auténticas, más maduras.

Y no se preocupen por el temor a que alguien las deje de querer si no son tan perfectas o si se equivocan. Descubrirán que el mundo las quiere *per se*, no hace falta ser de determinada manera para merecer el amor.

La honestidad con nosotras mismas, al principio, nos duele, pero nos dará una libertad impresionante.

Hagan la prueba.

CAPÍTULO 10
LA ANSIEDAD

A qué velocidad está girando el mundo.
Todo es vertiginoso, rápido, superficial, impaciente.

Para ahora. Ya, ya, ya.

La vida nos pide una inmediatez tan artificial, tan estandarizada, tan vacía de sentido… ¡Tan irreal!

Ese apurarse sin saber por qué, ese tener que exponer todo en todo momento, sin ni siquiera disfrutarlo, y menos que menos madurarlo, hace que nos perdamos la oportunidad de procesar los acontecimientos a nuestro ritmo, de permitirnos respetar los tiempos internos, y externos también.

Sucede desde las pequeñas cosas: mi pareja me envía un wasap y *se lo tengo* que contestar al instante para no estar en falta. Estoy conduciendo y siento que no puedo esperar a aparcar para responder sus mensajes, que, en general, no son de vida o muerte. No sea cosa que, si no lo hago en ese minuto, se ofenda, malinterprete o crea que tengo un amante…

Los *mails* nos llegan al teléfono, una locura. Y ahí estamos, haciendo malabares para responderlos desde una pantallita de dos por dos.

Estamos en un recital o en una linda playa y, en lugar de divertirnos con lo que nos sucede, elegimos tomar fotos para subir a Instagram... ¡Ahí mismo!

Los conciertos ya no se escuchan ni se disfrutan. Se filman. De principio a fin.

Todo para mostrar, todo para el afuera.

Compramos la ropa en línea porque ya perdimos hasta el disfrute de ir a pasear y mirar las vidrieras.

¿Se acuerdan de cuando esperábamos, con el cambio de estación, que renueven las vitrinas para saber lo que se iba a usar en la próxima temporada?

Me hacía una ilusión...

Ya no hay tiempo, amén de que las casas de moda nos ofrecen prendas nuevas cada semana para que no perdamos nuestro vicio por consumir.

Esta inmediatez tan corriente y etérea genera tal ansiedad, tal estado de alerta continua, tanta tensión, que difícilmente algo pueda florecer bajo esa premisa.

Se pierden los ritos, los tiempos, las esperas, la magia, el sabor del camino recorrido...

El sentimiento de vértigo, de velocidad, tan lejano al permitirse vivir el presente, nos saca del eje, del beneficio del cuestionamiento, de la reflexión.

Hoy leí una frase que me encantó: «El arrepentimiento es no haber rectificado el error a su debido momento».

Llegamos a esa situación cuando no nos detenemos a pensar, a escucharnos, a reconocer la falla para enmendarla.

Yo lo veo mucho en los niños de esta generación.

¡No ejercitan la tolerancia al fracaso debido a que no hay tiempo!

Esta es la generación que acumulará vivencias sin reflexión ni descanso.

Se pasa página instantáneamente después de lo vivido. Terminamos algo y a otra cosa. No es cuestión de que nos quede espacio libre para pensar, para aburrirnos, para mirarnos, ¡para **sentir**!

Sentir es el pecado capital de hoy: ni miedo, ni frustración, ni desesperanza.

Hay que estar siempre feliz y realizada. Si no, sales mal en la foto.

En lo personal, tampoco comulgo con el otro extremo, eso de hacer una apología de nuestras miserias, enarbolándolas como si fueran un triunfo, mientras que nos filmamos en una crisis de llanto para TikTok.

¡Qué poco que entendemos el disfrute!

Hasta los restaurantes ahora se transformaron en locales de comida rápida. Pedimos la hamburguesa desde el coche para no perder tiempo.

Hay tanto estímulo, tantas cosas por hacer, por probar, que, si no funciona algo, ya pasamos a otro tema. No hay tiempo de procesar y capitalizar lo vivido, ni vida que perder, porque hay tanta oferta…

Y es esa ansiedad lo que nos lleva a soltar todo si no logramos el éxito a la primera de cambio.

Si no vemos que nuestros fracasos son una oportunidad para mejorar, para reflexionar, para redireccionar nuestra fuerza y los sentimientos que tenemos hacia nosotras mismas, *malament*, como dicen mis amados catalanes.

Creceremos vacías de experiencias que nos hagan confiar en nosotras mismas y nos perderemos la oportunidad de descubrir nuestra aptitud para poder resolver las situaciones que se nos presentan. Seremos incapaces de entender que **no** se nos acabó la vida, o la carrera, o el amor, si nos equivocamos en alguna ocasión.

Si eso sucediera, nos detendremos, nos sacudiremos el polvo y a seguir para delante. Las veces que sea.

Tengamos esto bien presente siempre para no tirar la toalla antes de tiempo.

Call to action del capítulo 10:

Para este capítulo, mi sugerencia va a ser bastante simple: meditar.

Meditar es estar con la mente en el ahora y, a mi humilde parecer, no solo se hace estando sentada y cruzada de piernas con la mente en blanco.
Cualquier actividad en la que necesites estar permanentemente en tiempo presente también es un tipo de meditación.

Por ejemplo, cantar, cocinar, tocar un instrumento, caminar estando consciente de tu alrededor, observando el entorno…

A ese tipo de actividad me refiero. Al estar en el aquí y ahora, aunque sea cinco minutos al día. Al hacer cosas que disfrutes, que te hagan olvidar del mundo por un ratito.

Todos tenemos alguna actividad que nos genera esa sensación. A mí, por ejemplo, me sucede cuando cocino, mientras que a mi marido le sucede cuando juega al tenis.

Algunos meditan haciendo *footing*, o nadando, o pintando, o escribiendo.

Un abrazo también es meditar, o ayudar a la gente y sentir amor en el cuerpo.
Hay un millón de cosas que nos pueden frenar, aunque sea por un instante, ese diálogo interno que tan mal nos hace.
¡Intentémoslo, que suma mucho!

Hago una salvedad, porque no quiero banalizar un tema que, en algunos casos, es más delicado. La ansiedad, si es constante, invasiva, si te lleva a tener ataques de pánico, si no te permite vivir normalmente, es un problema que se tiene que tratar con profesionales.

Existen en la actualidad psicólogos y terapeutas especializados que te pueden ayudar, que te van a hacer descubrir un mundo diferente, limpio, nuevo, con alegría.

Por eso, mi sugerencia es que, si ven que este sentimiento es algo constante, busquen ayuda profesional, porque se puede mejorar mucho.

No nos acostumbremos a vivir en la incomodidad.

CAPÍTULO 11
EL PERFECCIONISMO

Cuando era profesora de pastelería, entrené durante tres años consecutivos a un equipo de alumnos para concursar en el torneo nacional que se hacía en esa época en Argentina. Participaban la mayoría de las escuelas gastronómicas del país. Obtuvimos dos veces el primer puesto y una el segundo.

Hacíamos prácticas diarias durante los tres meses precedentes al certamen para perfeccionar el plato a presentar.
Cada día cambiábamos algo, mejorábamos tiempos, agregábamos detalles. Yo tenía la ilusión de que un día, durante ese período, encontraríamos el plato perfecto. Soñaba con el momento en que dijera: «¡Eureka! ¡Listo!».

Pero no.

Si hubiéramos entrenado durante tres años, hubiera sucedido lo mismo.
Porque en cada entreno aprendíamos algo, y eso lo aplicábamos al día siguiente. Entonces era el cuento de nunca acabar.

Este libro lo inicié hace dos años. Lo dejé a un lado con un 75 % del trabajo realizado. Hace un par de meses lo encontré entre mis archivos. No lo podía creer. Mientras lo leía, pensaba: «No está mal».

Decidí terminarlo.

Al corregirlo, me sucede lo mismo que con las prácticas del concurso. Diez veces lo leo, diez veces lo cambio.

Creo que en algunas ocasiones para mejor y otras para peor.

El perfeccionismo es un arma de doble filo. Hay que practicarlo con cierto sentido común. Ni poco ni demasiado.

No solo en referencia a lo que hacemos, sino, primordialmente, a cómo nos miramos.

Somos tan estrictas, tan impacientes, tan intolerantes, tan críticas...

Nos avergonzamos tanto de nosotras...

Siempre sentimos que nos falta algo, que no lo hacemos bien.

Nos medimos con una vara tan irreal que nunca llegamos.

¿Se dieron cuenta de que en general nos comparamos solamente con la parte virtuosa de nuestros patrones a seguir?

No lo hacemos de una persona en su totalidad.

Entonces, miramos la altura de una modelo, el cuerpo de una atleta, el cerebro de un científico y la tranquilidad de un buda, los viajes de un millonario, la intrepidez de un aventurero y el talento de un pianista, pero todo junto, como si hubiera una sola persona con todas esas capacidades.

De esa manera es muy fácil frustrarse, porque nunca vamos a alcanzar algo que no existe.

Si no hablamos perfecto inglés, no queremos ni decir una palabra delante de nadie para que no piensen que lo hacemos mal.

Queremos nadar perfecto, bailar perfecto, esquiar perfecto, andar en bicicleta como profesionales; ser flacas, altas, lindas; tener dientes blancos y parejos, el cabello sedoso y lacio (y mucho, agregaría, porque cada vez tengo menos), las pestañas largas, las uñas bien pintadas, el reloj de marca, el bolso con logo, la talla pequeña, la cara estirada; ser buenas, amables, amorosas, porque si no, nos sentimos fracasadas.

Queremos estar en el momento justo para comenzar algo nuevo, para sacarnos una foto, para mudarnos, para tener hijos, para viajar, para casarnos, para comprarnos ropa linda, porque, si estamos con algún kilo de más, deberíamos esperar a bajarlos antes de siquiera osar a pisar una tienda… Y no quiero explayarme en el tema, pero a veces lo hacemos extensivo a nuestros hijos. Una locura.

El perfeccionismo (yo lo soy, y ¡mucho!) en algunos momentos es tedioso, es como si necesitáramos tener todo en su lugar para dar el siguiente paso.

Si vamos a esperar a que todo esté como nosotras queremos para avanzar, no salimos ni de la cama.

A mí no es que me apasionen las frases tan trilladas como «Quiérete como eres, acéptate, valórate, ámate con tus defectos» y todo ese rollo al que yo llamo *conformista*. Sin embargo, a veces hay que bajar la guardia y no exigirnos tanto.

Lo afirmo y me lo digo también a mí misma: no nos boicoteemos poniendo la vara tan alta.

También debemos aprender a ser sinceras con nuestras condiciones. Ver en qué somos fuertes y en qué no tanto, pero no para machacarnos y criticarnos, sino para querernos con sinceridad.

Lo más importante es valorar lo bueno, que tenemos mucho.

Valorarnos los avances, lo que brindamos al mundo, lo que logramos, la familia que tenemos…

El perfeccionista es el que ve lo que le falta, lo que pudo hacer mejor, lo que hizo mal, en lo que cojea…

Aprendamos a no dejarnos llevar por ese sentimiento. Aprendamos a dosificarlo, con paciencia y con constancia, porque es una característica difícil de manejar. Debemos permitirnos ser más humanas, más reales. De esa manera, no solo disfrutaríamos más, sino que también llegaríamos hasta el final de las situaciones.
No tiraríamos la toalla en medio de la batalla por pensar que no hicimos las cosas lo suficientemente bien, que nunca vamos a llegar a lo óptimo o que no somos capaces.

A mí ya me da miedo escribir estas páginas porque sé que con esto no voy a ganar el Premio Nobel de Literatura, pero así es que nos perdemos de vivir cosas hermosas por simplemente pensar que no somos suficientes para esa labor. Como si solamente los que hicieran las cosas perfectas tuvieran el permiso de hacerlas.

Por eso, a las que nos atraviesa ese sentimiento nos invito a que empecemos a relajarnos y a disfrutar, de a poco y como podamos. A no enredarnos en nuestra extrema exigencia.

Eso supone un gran paso.

Call to action **del capítulo 11:**

En este capítulo no voy a sugerir una acción en concreto para hacer.

Mi consejo para las que estamos constantemente exigiéndonos y sobre todo juzgándonos, es estar atentas a los momentos en que empezamos a criticarnos y saber frenar. Porque la crítica descarnada no nos suma ni nos hace mejores. Es más, a veces paraliza.

La frase de hoy es

ME PERMITO SER COMO SOY Y LO ACEPTO CON AMOR.

Si quieres ir más profundo y desafiarte realmente, reflexiona sobre qué cosas abandonaste por creer que no las ibas a hacer lo suficientemente bien.

Busca una manera de poder realizarlas, aunque sea de a poco, aunque te enojes de solo pensarlo. Aunque te dé vergüenza.

Todo en la vida se aprende, así que borra el pensamiento de que hay algo que no es para ti.

Estás a tiempo de **todo**: aprender a nadar, andar en bicicleta, mejorar tu idioma, viajar sola, escribir un libro… ¡Lo que quieras!

Lo importante es dar el primer paso.

El mundo es de los valientes.

No te quedes con las ganas.

CAPÍTULO 12
LA IMPERFECCIÓN

¿Qué siento?
Siento que me pasé la vida escuchando a la gente opinar cómo tengo que ser.
Lo que tengo que sentir, cómo debo proceder.
Si es correcto o no lo que pienso, lo que siento.
Si soy mala, si soy buena, si soy generosa, si soy egoísta.
Si estoy loca, si corresponde, si me tengo que moderar.
Si molesto, si incomodo, si inoportuno, si hago ruido.
Si merezco o no lo que tengo.
Si me pertenece o no me pertenece.
Si soy simpática, o antipática, o empática. O qué.
Si soy la misma de siempre, o soy otra.
Si he cambiado, si retrocedí o evolucioné.

Lo que nos van diciendo se va quedando, palabra por palabra, en el alma. Gota por gota, tatuándonos de a poco, para hacernos creer cada vez más profundamente que somos demasiado *algo*, y que es **eso** lo que hace que no nos merezcamos todo lo bueno de esta vida.

Demasiado fracasadas, gordas, flacas, lentas, tontas, pobres, altas o bajas, viejas o inmaduras, incultas o vulgares.
Nos hacen creer que no merecemos la felicidad.
Empezamos a sentir vergüenza y a acumularla.

«¿No sabes nadar?».

«¿No trabajas?».

«¿No terminaste el secundario?».

«No pronuncias bien el inglés».

«¡No te combinan los zapatos!».

«Pensé que eras más flaca».

«El cabello más corto te quedaría bien».

Como si algo de eso nos definiera como personas, como si eso nos hiciera menos buena gente.

Nos creemos que nuestros defectos son una falla.

Nos volvemos débiles, incapaces, apartadas, no merecedoras, brutas, chiquitas, feas.

Ser imperfectas es el don que se nos da al nacer.

Es una maravilla. Es lo que nos hace tan únicas y especiales.

Es por lo que estamos aquí en este mundo.

Esta vida es un hermoso camino que recorremos para aprender a ser mejores con nosotras mismas, para querernos y aceptarnos como somos. Pero, por sobre todas las cosas, para evolucionar de la manera que **elijamos**.

Y eso se educa.

Observando, siendo curiosas, experimentando.

Fallando, cayendo y levantándonos. Cada vez. Y otra vez también.

Y andar.

Y desandar.

Triunfar.

Y fracasar.

Y caminar solas.

O acompañadas.
Y ayudarnos.

Aceptándonos como somos.
Así. Incompletas.
Tulliditas.
Gordas, flacas, altas, tontas, petisas, brillantes, como sea.
Con pelo rizado o lacio. Elegantes o desastrosas.

Démonos permiso para mirarnos a los ojos. Alegrémonos al ver el reflejo que nos muestra el espejo de nosotras y alentémonos **siempre**.
Permitámonos   sonreírnos.   Gustarnos.   Disfrutarnos. Descubrirnos.

Yo pienso que, si nos quisiéramos como queremos a nuestros hijos, el mundo sería perfecto.
Con ese mismo amor incondicional. Atemporal. Generoso.
A pesar de todo, con lo bueno y lo malo.

Así que **mirémonos con orgullo**, pero no por los resultados, sino por el camino recorrido, por el esfuerzo, por lo que nos brindamos a nosotras mismas y a los demás.

Si así fuera, la vida ya sería un éxito.

Y si quieres avanzar, aprender, cambiar, progresar, brillar, lucirte, explotar, **hazlo**. Con convencimiento, con compromiso, con amor, con constancia.

No hace falta escalar el Everest o ser una Einstein. Solamente con hacer lo que te toca con amor ya es una maravilla.

Y si quieres más, a por todo, aunque no sepas adónde te conducirá ese camino.

Empieza de a poco, por los deseos pequeños, para tomar confianza y velocidad.

Y cuídate.
No te critiques, no te lapides, no te midas.
El mentón alto, la mirada al frente, larga, valiente, confiada.
Sin apuro. Sin críticas. Lo que puedas.
Poco a poco también sirve.

Estaría horas escribiendo, contándote mil anécdotas de cómo cuando creí en mí, conseguí todo y, cuando dudé, me estanqué. Pero este libro no va de hablar de lo mío, sino de acompañarte.

Sin confianza no.

Te pones de pie, con miedo y todo, y para delante.

A ti que llegaste hasta aquí, muchas gracias por leerme. Muchas gracias por tu tiempo, por tu atención.

Y si una frase, una línea, un pensamiento de este libro te ayudó, ya es una maravilla. Es para eso para lo que me animé a abrir el corazón y a mostrar mis miserias. Para hermanarme.

Nunca te olvides de que cuentas contigo misma. Eres la persona más valiosa que vas a conocer en toda tu vida y la que va a estar **siempre**. Más que nadie en el mundo.

Hasta pronto,
Lucila

Y no quiero irme sin agradecer a mi triángulo de amor, a los que me contienen, me malcrían, me abrazan, me soportan, me padecen, me quieren —aunque a veces no lo merezca tanto, ¡je, je, je! — .
Ellos son los que me hacen feliz cada día de esta vida.

Davor, Novak, mamá,

los amo.